Polichinelle et La Mort

Comédie en un acte

Par MM. Evariste MANGIN et Paul EUDEL

Musique de Georges LAMOTHE

PARIS

TRESSE et STOCK, Éditeurs

8, 9, 10, 11, Galerie du Théâtre-Français

Palais-Royal

1893

Polichinelle

et

La Mort

EN VENTE A LA MÊME LIBRAIRIE

PIÈCES EN UN ACTE FACILES A JOUER EN SOCIÉTÉ

A DEUX PERSONNAGES

	Hommes	Femmes	Prix
A la Course, saynète, par E. Philippe et L. Bridier....	1	1	1 »
A la Porte, comédie, par Verconsin (théâtre du Vaudeville)	1	1	1 »
L'Amoureux dépit, opérette, par A. Bouvret, musique de P. Corlieu (Casino d'Enghien).....................	1	1	1 »
Les Angoisses d'Étienne, saynète, par L. Bridier et E. Philippe..	1	1	1 »
Au Bord du Fossé, comédie, par P. Bonnetain	1	1	1 »
Au Bureau des Omnibus, saynète, par H. Buguet	2	»	» 50
Au Louvre, saynète, par MM. Bridier et E. Philippe...	1	1	1 »
Au Port, opéra-comique, par J. Ruelle et Escudier......	1	1	1 50
Le Bain de Vapeur, dialogue, par H. Buguet...........	2	»	» 50
Le Bonheur en Ménage, proverbe en vers, par J. Montini (salle Herz)	1	1	1 »
Charlotte et Nicaise, vaudeville, par G. Marot (Théâtre du Château-d'Eau)	1	1	1 »
Dans un Ascenseur, saynète, par L. Bridier et Philippe	1	1	1 »
Deux Orages, comédie, par Berthol-Graivil (Alhambra) .	1	1	1 »
Le Diapason, comédie, par Edmond Frisch...............	1	1	1 »
Le Dîner de Pierrot, comédie en vers, par B. Millanvoye (Odéon)	1	1	1 50
Diogène et Scapin, à-propos en vers, par E. Adenis (Comédie-Française).................................	1	»	1 »
Les Distractions de Papa, comédie, par R. G. de Litteau	1	1	1 »
Un Duel sans Témoins, comédie-vaudeville en un acte, par A. Joubaud (Délassements-Comiques)............	2	»	1 »
Fin de Bail, comédie en un acte, par Mlle J. P. Ferrier	»	2	1 »
Galathée et Pygmalion, pochade en vers, par A. Joubaud (Concert Parisien)................................	1	1	1 »
Le Gant de Marcelle, saynète en vers libres, pr A. Roccofort	1	1	1 »
Le Guide du bon ton, pochade en un acte, par H. Buguet	2	»	1 »
L'Insertion 807, saynète, par Marc Sonal...............	1	1	1 »
Marcel, drame, par Berthol-Graivil (Théâtre Cluny).....	1	1	1 »
Mon Abonné, comédie, par Desbeaux (Théâtre Cluny) ..	1	1	1 »
Myrrha, comédie en vers, par A. Sylvestre.............	1	1	1 »
La Nuit de Noce de P. L. M., comédie, par Fabrice Carré-Labrousse (Théâtre des Variétés	1	1	1 50
Une Nuit sur la Scène, vaudeville en un acte, par A. de Jallais, Andeval et C. Blondelet (Délassements Comiques)	2	»	1 »
Par procuration, comédie, par Berthol-Graivil (Théâtre de la Porte-Saint-Martin..................................	1	1	1 »
Passé midi, vaudeville en un acte, par Desveaux et Dupuis (Panthéon)..	2	»	1 »
?, comédie, par Berthol-Graiville et G. Lorin...........	1	1	1 »
Que faire? scène patriotique pour garçonnet et jeune fille, par M. E. de Lyden	1	1	» 50
Les Rêves de Marguerite, comédie, pr Verconsin (Théâtre du Vaudeville)...	1	1	1 »
Suite de Valses, saynète, par E. Philippe et L. Bridier.	1	1	1 »
Le Tableau, pochade en un acte, par MM. A. Lénéka et E. Matrat	2	»	1 »
Tristapatte et Durafl(é), vaudeville en un acte, par A. Favre (Théâtre de Cluny)	»	2	1 »
Le troisième larron, comédie en 1 acte, par M. E. de Lyden	»	2	1 »
Virginie, comédie, par G. Chauvin	1	1	1 »
La Zingarella, opéra-comique, par Montini, musique de J. O'Kelly (Théâtre de l'Opéra-Comique)............	1	1	1 »

Polichinelle et La Mort

Comédie en un acte

Par MM. Evariste MANGIN et Paul EUDEL

Musique de Georges LAMOTHE

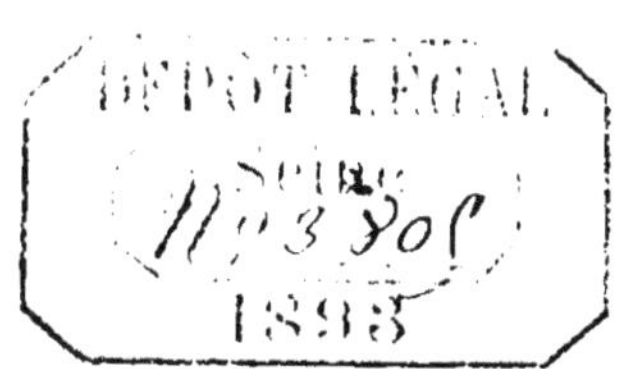

PARIS

TRESSE et STOCK, Éditeurs

8, 9, 10, 11, Galerie du Théâtre-Français

Palais-Royal

1893

PERSONNAGES

POLICHINELLE . . . . M. MONTROUGE

LA MORT . . . . Mlle GILBERTE.

Cette comédie tirée des BONS CONTES FONT LES BONS AMIS, *par Champfleury (Charles Leroy, éditeur, 26, boulevard des Italiens, Paris), a été représentée d'abord, le 14 janvier, au* Cercle funambulesque, *puis, le 7 février 1892, au* Théâtre d'Application.

Polichinelle et La Mort

Jardin resplendissant de soleil. Printemps. — Au milieu de la scène, dans une charmille, Polichinelle ivre, ronfle, la tête sur la table. Il tient à la main une bouteille de vin. A droite, la maison de Polichinelle. Porte. — Au lever du rideau, la Mort entre par la gauche, s'avance en regardant Polichinelle. Elle va déposer sa faux derrière la tonnelle.

Ouverture. Musique.

SCÈNE PREMIÈRE

POLICHINELLE dormant, LA MORT

La musique continue.

LA MORT

Il dort sous ce berceau, lassé de sa paresse,
Oublieux et cuvant ses méfaits dans l'ivresse,
Polichinelle, enfin, je viens fixer ton sort.

A nous deux, fanfaron, je suis... je suis la Mort.

Au public.

Une Mort, sur ma foi, moderne et raffinée
Qui sait vivre et charmer même, quand il faut,
Et pas si repoussante, et pas si décharnée
Ni laide en sa pâleur, tenez voyez plutôt!

Elle écarte un peu ses draperies.

Ivresse, instincts pervers, et passion charnelle
Tout me le livrera.

Elle prend une rose blanche à sa ceinture.

Parfum mystérieux
Séduis, pénètre, enivre, et perds Polichinelle !
Coupable et condamné, qu'il tombe sous mes yeux!

Polichinelle grogne.

Il s'éveille, attendons... Compère... sans adieu.

Elle sort par la gauche

SCÈNE II

POLICHINELLE, LA MORT

POLICHINELLE, se réveillant en sursaut, et se levant effrayé.

A l'aide ! Holà ! (retombant sur sa chaise et fermant les yeux) Oh ! c'était un rêve ! Bien étrange par ma foi ! je voyais le commissaire, le gendarme et le bourreau qui dansaient autour de moi une ronde joyeuse en riant comme des fous, — de plus un énorme chat noir hérissait ses poils et enfonçait ses griffes pointues dans ma bosse... dorsale. Un chat! Trahison... (Rêveur) Au diable, après tout! me voilà réveillé frais et gaillard comme devant. Hippocrate a dit qu'il fallait se griser toutes les décades, moi, c'est tous les jours... par hygiène... Buvons encore...

Il boit et chante.

Quand je marche, la terre tremble ;
C'est moi qui conduis le soleil !

Parlé.

Ma bourse est vide, mais ma bouteille est pleine, on me fait crédit et l'on m'aime gratis. Si je m'écoutais, je boirais constamment et j'aimerais sans cesse... Mais je suis un sage... Je bois pour ne pas trop aimer, et j'aime pour ne pas trop boire... (Regardant sa bouteille) Le vin est un soleil qui réchauffe le cœur et éclaire l'esprit. Et l'amour, donc! Ah! mon petit Polichinelle, me disait tantôt Colombine, je n'aime et n'aimerai jamais que toi! En ai-je assez fait des malheureuses ! (se reprenant) des malheureuses !... à la fin parce qu'au commencement!... Eh bien! Polisson de Polichinelle ! veux-tu que je te dise la vérité ?

Tu es irrésistible ! Tu as tout pour toi..., jusqu'à deux bosses... Les plus favorisés n'en ont qu'une, mais moi...

Musique. — Il chante.

Dès le berceau, j'avais les bosses que voilà
Oh ! dit ma mère !
Oh ! fit mon père !
Par l'enfer, par la mort, d'où peut venir cela ?
Vite un savant qui nous l'explique !
Le savant vint bientôt et dit :
Voici mon arrêt sans réplique,
Et la chose fera du bruit,
Car pour les heures de liesse,
L'enfant possède dès ce jour
La noble bosse de l'ivresse
Avec la bosse de l'amour !

D'après cela suis-je coupable ?
Ai-je donc trop bu, trop aimé ?
Ma foi, j'en fais juge le Diable,
Qui je crois s'en est mêlé.

La vie est belle,
Polichinelle *(bis)*,
Brave la Mort
Polichinelle *(bis)*
Est le plus fort.

(Parlé) Le jour tombe, il s'agit de rentrer décemment et de souper copieusement. (Regardant à gauche) Tiens, la maison n'est plus à sa place. Est-ce qu'on l'a démolie, par hasard? Qu'on m'indemnise alors! Elle était à droite... On l'a changée. Elle est à gauche maintenant! Bon... ça tourne. Non, on l'a déplacée seulement, (regardant à sa droite) Ah! la voilà!... (Saluant) Bonjour ma maison; il me faut une clé pour y rentrer... La clé, où ai-je mis la clé?... (Il cherche à mettre la clé dans la serrure) Il me faut trouver la serrure... (La Mort rentre et suit les mouvements de Polichinelle) Enfin! je vais donc pouvoir souper!

Il chante.

La vie est belle
Polichinelle
Brave la Mort!

La Mort qui guettait Polichinelle, lui frappe doucement sur l'épaule, pose sa faux sous la tonnelle.

POLICHINELLE

Qui va là?

LA MORT

Une dame de tes amies.

POLICHINELLE

Une dame! Que me voulez-vous?

LA MORT

T'emmener tout simplement.

POLICHINELLE

Ce désir me flatte, mais vous suivre de confiance, non !... On vous voit à peine.

Il veut soulever le voile de la Mort.

LA MORT, écartant la main de Polichinelle

Indiscret!

POLICHINELLE

Comme cette main est froide! (à part) A qui diable ai-je affaire ? (à la Mort) Votre voix m'est inconnue, madame, il me semble que je n'ai jamais eu l'avantage de vous rencontrer.

LA MORT

Pardon, mon cher Polichinelle, j'étais à l'enterrement de ta femme.

POLICHINELLE

Ah! vraiment!

LA MORT

Tu ne te souviens pas de m'avoir vue aux funérailles du Commissaire ?

POLICHINELLE

Ma foi! je n'y étais pas.

LA MORT

Et ce pauvre notaire à qui tu n'as pas laissé seulement le temps de faire son testament ?

POLICHINELLE

Bah ! il en avait tant fait d'autres ! Vous vous intéressiez à ce notaire, madame ?

LA MORT

Je conduisais le deuil.

POLICHINELLE, à part

Mais, c'est une personne funèbre !

LA MORT

J'ai versé quelques larmes aux obsèques de ce malheureux gendarme.

POLICHINELLE

Moi pas ?

LA MORT

Etait-il bien nécessaire de pendre le bourreau ?

POLICHINELLE

Ah ! permettez !... j'avais à choisir, ou de le pendre ou d'être pendu... je n'ai pas hésité... Etiez-vous bien aussi avec le bourreau ?

LA MORT

Il m'avait rendu quelques services...

POLICHINELLE

Le bourreau... vous seriez donc ?

LA MORT

La Mort !

POLICHINELLE, avec un frisson

La Mort ! San Godeni ! Je me disais aussi : A qui diable le bourreau a-t-il pu rendre quelques services ! Ah ! vous êtes la Mort ? Je n'avais jamais souhaité vous voir... Je suis enchanté... de faire votre connaissance... Et vous allez ?...

LA MORT

Pas mal... et toi ?

POLICHINELLE

Comme le Pont-Neuf... Seulement, je meurs de soif... Voulez-vous que nous décoiffions ensemble une vieille bouteille ?

LA MORT

Non, vraiment !

POLICHINELLE

Sans façon !

LA MORT

Merci bien !

POLICHINELLE

Vous avez tort... Je boirais avec plaisir en votre compagnie.

LA MORT

Le vin m'est contraire.

POLICHINELLE

Ah ! moi ! c'est l'eau... Voulez-vous entrer un moment chez moi pour vous reposer ?

LA MORT

Je n'ai pas le temps, on m'attend de tous les côtés.

POLICHINELLE

Les affaires vont bien, alors ?

LA MORT

Je ne me plains pas.

POLICHINELLE

Tant mieux, madame, tant mieux ! Mais vous avez sans doute quelque chose à me dire... puisque vous m'avez arrêté ?

LA MORT

Je passais par ici... et voulais souhaiter le bonjour à mon ami Polichinelle !

POLICHINELLE

C'est bien aimable à vous !

LA MORT, changeant de ton, très sévère.

Trêve de compliments... j'ai deux mots à te dire, parlons raison !

POLICHINELLE

Vous vous adressez bien, car malgré ma mauvaise réputation, il n'y a personne de plus raisonnable que moi sur la terre.

LA MORT

Ton esprit n'a-t-il pas honte d'habiter ce corps difforme et grotesque.

POLICHINELLE

Bien obligé, madame, d'autres que vous s'en accommodent parfaitement.

LA MORT

La vie que tu mènes ne te fatigue pas ?

POLICHINELLE

Moi, pas du tout !

LA MORT

Tu n'as donc jamais pensé à l'Éternité ?

POLICHINELLE

Oh ! pardon..., à l'éternité du plaisir.

LA MORT

La plus grosse bouteille se vide.

POLICHINELLE

Je ne le sais que trop, malheureusement !

LA MORT

Et cela ne t'a pas ouvert les yeux ?

POLICHINELLE

Jusqu'ici, les petites femmes m'ont trouvé les yeux bien ouverts... bien pétillants...

LA MORT, passant derrière Polichinelle.

Je ne suis pas venue pour plaisanter, Polichinelle ; ton heure a sonné.

POLICHINELLE

A quel cadran, madame ?

LA MORT

A l'horloge de la destinée.

POLICHINELLE

Je crois qu'elle avance beaucoup.

LA MORT

Il faut me suivre.

POLICHINELLE

En sabots... Permettez-moi au moins de changer de chaussures.

LA MORT

Tu as cinq minutes pour manifester tes dernières volontés.

POLICHINELLE

Ce sera vite fait, ma dernière volonté est de rester ici.

LA MORT

C'est impossible ! Allons ! en route.

POLICHINELLE

Prenez-vous à droite ou à gauche ?

LA MORT

Suis-moi te dis-je.

POLICHINELLE

Je ne suis que mès fantaisies.

LA MORT

Fais ton paquet.

POLICHINELLE

Je voyage sans bagage.

LA MORT

Tu vas mourir.

POLICHINELLE

Vous me mettez déjà la mort dans l'âme.

LA MORT

Cesse de railler.

POLICHINELLE

Il faut bien rire un peu. Voyons, madame La Mort, est-ce qu'entre amis, il n'y a pas moyen de s'arranger ?

LA MORT

Tu as donc cru que j'étais ton amie ?

POLICHINELLE

Vous vous étiez présentée comme telle, et je pensais...

LA MORT

Assez de verbiage !

POLICHINELLE, *se mettant à genoux.*

Oh ! chère madame, la vie est si belle, que je voudrais ne pas la quitter encore.

LA MORT

Tes prières sont inutiles, c'est en vain que tu voudrais te soustraire à ma puissance. J'emmène tous les jours des héros, des ministres et des rois.

POLICHINELLE

Les héros ont fait pleurer plus d'un mortel, moi, je les ai toujours fait rire ; un héros ne vaut pas Polichinelle.

Musique.

LA MORT

Vil bouffon. (*Elle prend sa faux près de la tonnelle*) Finissons-en ! (*Elle lui lance un coup de faux.*)

POLICHINELLE, *faisant la nique.*

Pas touché !

LA MORT

Es-tu touché cette fois ? (*Second coup de faux dans le vide.*)

POLICHINELLE, *faisant une gambade pour éviter le coup.*

Mais alors, c'est la danse macabre.

LA MORT

Attends ! (Elle frappe un troisième coup encore inutilement) Je vais te faire danser.

POLICHINELLE, riant et chantant.

Pan ! Pan !
Qui est-ce qui est là ?
C'est Polichinelle qui danse

Pan ! Pan !
Qui est-ce qui est là ?
C'est Polichinelle que v'là !

LA MORT

Le drôle se moque de moi. (Dernier coup de faux.)

POLICHINELLE, agitant son mouchoir.

Tenez, madame, je demande à parlementer. (La musique cesse.) Vous avez trop fauché aujourd'hui, vous êtes fatiguée. Voulez-vous accepter une trêve ? J'ai une communication à vous faire.

LA MORT

Que veux-tu dire ?

POLICHINELLE

Savez-vous qu'on vous a calomniée. Je vous croyais décharnée et pas du tout, vous êtes très gentille. C'est-à-dire qu'on vous aimerait si vous n'étiez pas si froide, si sévère...

LA MORT

Vrai ! Eh bien ! Viens près de moi, nous causerons, ami Polichinelle.

POLICHINELLE

Vous n'aurez pas de rigueurs ?

LA MORT

Peut-être.

POLICHINELLE

Va s'asseoir avec défiance en regardant la faux.

Mais avant, déposez s. v. p. ce vilain instrument si désagréable aux humains.

LA MORT

Jamais, c'est ma toute puissance.

POLICHINELLE

(A part) Si je pouvais m'en emparer ! (Haut) Mais il y a une suspension d'arme.

LA MORT

Pour te plaire, je veux bien t'obéir. (Elle va poser la faux près de la maison, puis revenant vers Polichinelle) Alors, tu ne m'aimes pas.

POLICHINELLE

Oh ! ce n'est pas la mort que je crains, c'est de mourir.

LA MORT

Poltron, viens près de moi, approche.

POLICHINELLE, s'approchant tout à fait.

Je veux bien, seulement il faut s'entendre. Il me plaît de vivre pour aimer et non d'aimer pour mourir.

LA MORT, ouvrant son manteau.

Est-ce que je te fais peur ?

POLICHINELLE

Oh ! non ! Je vois que tout se perfectionne, vous êtes au goût du jour.

LA MORT

A ton goût ?

POLICHINELLE

Certes !

LA MORT, cherchant à l'entraîner.

Alors, viens... L'amour sera du voyage.

POLICHINELLE

Ce serait délicieux... si je savais où nous allons.

LA MORT

Que t'importe, puisque je te plais?

POLICHINELLE

Eh bien! Soit! mettons-nous en route... mais avant scellons la paix par un gage.

LA MORT

Plus tard...

POLICHINELLE

Ecoutez-moi. Tout à l'heure, j'étais ivre de vin, je n'avais pas remarqué...

LA MORT

Quoi donc?

POLICHINELLE

(A part) Soyons lyrique! (Haut) Tout ce qu'il y en vous... de mystérieux, de charmant .. Cette taille idéale... Ce regard triste et profond... Maintenant, c'est l'ivresse des sens qui s'empare de moi, c'est un élan irrésistible qui me jette à tes pieds. Je vais vers l'inconnu; loin de moi les craintes vulgaires! La passion me domine... m'enflamme, elle te réchauffera, c'est ton petit Polichinelle qui te le jure. Permets-moi de prendre... un baiser...

LA MORT, se défendant plus mollement.

Laisse-moi, Polichinelle, tu n'es pas raisonnable.

POLICHINELLE

Non, tu n'as pas d'amis, je serai le tien... mieux encore, ton amant !

(Il la lutine et cherche à l'embrasser.)

LA MORT, le repoussant en minaudant.

Plus tard...

POLICHINELLE

Ingrate, qui trouve l'occasion d'être aimée et qui la repousse ! Voyons, un baiser...

LA MORT

Non.

POLICHINELLE

Un seul...

LA MORT

Jamais !

La Mort, en se débattant, laisse tomber sa faux.

POLICHINELLE, s'emparant vivement de la faux.

Enfin, je l'ai ! (Il se recule de deux pas) Mon cher amour, vous ne pouvez plus vouloir ma perte et d'ailleurs vous voilà désarmée.

LA MORT

C'est une trahison !

POLICHINELLE

Une précaution.

LA MORT

Rends-moi ma faux, Polichinelle, si tu la gardais, que deviendrais-je ? De tous les côtés on me réclame.

POLICHINELLE

Avec impatience ? j'en doute.

LA MORT

Tu as tort. Que de gens veulent se jeter dans mes bras.

POLICHINELLE, ironiquement.

Par amour, comme moi ?

LA MORT

Non, par désespoir. Veux-tu faire attendre les gens qui au contraire ont des espérances ?

POLICHINELLE

Pour ça non, j'ai un oncle à héritage ! cet argument me touche ! Je rends la faux.

La Mort fait un geste pour la reprendre.

POLICHINELLE, se reculant.

A une condition !

LA MORT

Laquelle ?

POLICHINELLE

Vous ne chercherez plus à me faucher dans ma fleur ?

LA MORT

Soit (à part) il faut céder... mais nous verrons.

POLICHINELLE, lui tendant la faux.

Prenez-la donc votre toute puissance... mais pour les autres.

LA MORT

Merci, Polichinelle, et au revoir.

Fausse sortie.

POLICHINELLE

Le plus tard possible...

LA MORT

C'est convenu (à part) tu vas voir ! ... (Haut) Quittons-nous bons amis ; prends ce gage. (Elle lui tend la rose blanche.)

POLICHINELLE, prenant la rose.

Délicieux souvenir. (Il respire la fleur longuement.)

LA MORT

(A part) C'est ma revanche...

POLICHINELLE

Mais qu'est-ce que j'éprouve. Ce parfum m'enivre... quel trouble!... un souffle glacé m'enveloppe... A moi le vin qui réchauffe... A moi... l'amour... la vie... ah! cruelle!... tu m'as trahie.. (s'élançant vers la Mort) Vaincu... je suis vaincu par la Mort.

Il tombe aux pieds de la Mort.

LA MORT

Cette fois, tu es à moi, Polichinelle. Tu ne connaissais pas ce parfum empoisonné. (Elle contemple Polichinelle avec ironie.

AIR :

Comment c'est toi Polichinelle,
Tantôt si fier et si vaillant ;
Que devient ce cœur infidèle,
Tu n'as plus l'air si triomphant.
Orgueil, espoir, tout est par terre.
C'en est fait. Couic! il faut partir
Voici l'heure du grand mystère;
Adieu le vin et le plaisir!

Polichinelle tend les bras vers la Mort.

Pourquoi te plaindre
Et pourquoi craindre?
Il est avec les morts des accommodements.
Polichinelle
Ame rebelle
Ecoute de ton cœur les tendres battements.
Je suis douce envers toi, comme une femme aimée.
Par cette rose, ami, ta fin est parfumée,
Je fleuris nos amours et tes derniers moments.
Ton trépas nous unit ; nous sommes deux amants !

La Mort tombe à genoux derrière Polichinelle.
Elle lève son manteau et lui reprend sa rose.

POLICHINELLE
(Se ranimant peu à peu et se mettant sur le coude.)

Pitié !... Je ne puis mourir ainsi... Les petits enfants ! je suis leur joie.

LA MORT, raillant encore.

C'est vrai, mon cher bouffon, tu ne pouvais disparaître ainsi... Les vivants te réclament...

POLICHINELLE

Pitié !

LA MORT, tendant la main à Polichinelle.

Je cède, relève-toi.

POLICHINELLE

Que deviendraient mes grands enfants? Car j'en ai aussi dans la politique, dans la littérature, les arts, la finance.

LA MORT, riant.

C'est vrai, ce serait un deuil général.

POLICHINELLE

Voilà de bonnes paroles.

LA MORT

Les tiennes m'ont aussi touchée. Le premier tu m'as parlé sans haine. Que veux-tu ? Dis-le?

POLICHINELLE

C'est bien simple, je demande à vivre longtemps.

LA MORT

Je t'accorde davantage. Tu vivras toujours.

POLICHINELLE

Immortel ! Polichinelle est immortel !..

LA MORT

Fausse sortie.

Au revoir, Polichinelle de mon cœur. (Elle met les mains sur ses lèvres et lui envoie un baiser.)

POLICHINELLE

Au revoir, ma vie ! (la rappelant) Alors le pacte est signé, vous m'épargnez ?

LA MORT

Je te le jure !

POLICHINELLE

Bien vrai !

LA MORT

La vie trompe, la Mort jamais.

RIDEAU

Paris. — Imp. J. Montorier, 16, passage des Petites-Écuries.

Paris. — Imprimerie J. Montorier

www.ingramcontent.com/pod-product-compliance
Ingram Content Group UK Ltd.
Pitfield, Milton Keynes, MK11 3LW, UK
UKHW021932190726
13853UKWH00002B/994